COMPLETE A LEVEL SPANISH

Los cambios en la familia española

The Evolution of Spanish Families

CAMBRIDGE LEARNING HOUSE

Miguel Alvarez

Cambridge Learning House trades on behalf of Cambridge Press Ltd
71-75 Shelton Street,
Covent Garden,
London,
England, WC2H 9JQ

Email: enquiries@cambridgepress.co.uk
Website: www.cambridgepress.co.uk

ISBN: 978-1-913720-03-2

COMPLETE A LEVEL SPANISH

The Complete A Level Spanish series from Cambridge Learning House

CAMBRIDGE LEARNING HOUSE

The Complete A Level Spanish series is devised to provide complete up-to-date knowledge in the target language which meets the requirements of all A Level specifications.

Other titles in this series include:

Title	*ISBN*
Los cambios en la familia	*978-1-913720-03-2*
El mundo laboral en España	*978-1-913720-04-9*
El turismo en España	*978-1-913720-05-6*
Los festivales y las tradiciones hispanas	*978-1-913720-06-3*
Los medios de comunicación en España	*978-1-913720-07-0*
La musica hispana	*978-1-913720-08-7*
La inmigración en España	*978-1-913720-09-4*
La Guerra Civil española	*978-1-913720-10-0*
La dictadura Franquista	*978-1-913720-11-7*
La transición a la democracia en España	*978-1-913720-12-4*

COMPLETE A LEVEL SPANISH
El mundo laboral en España
The World of Work in Spain

COMPLETE A LEVEL SPANISH
El turismo en España
The Spanish Tourist Industry

COMPLETE A LEVEL SPANISH
Los medios de comunicación en España
The Influence of Spanish Media

COMPLETE A LEVEL SPANISH
Los festivales y las tradiciones hispanas
Hispanic Traditions and Festivals

COMPLETE A LEVEL SPANISH
La música hispana
Hispanic Music

COMPLETE A LEVEL SPANISH
La inmigración en España
Immigration in Spain
Desembarque
Arrivals

COMPLETE A LEVEL SPANISH
La Guerra Civil española
The Spanish Civil War

COMPLETE A LEVEL SPANISH
La dictadura Franquista
The Francoist Dictatorship

COMPLETE A LEVEL SPANISH
La transición a la democracia en España
Transition to Democracy in Spain

Contenido

Prólogo

La familia tradicional fue el modelo familiar más común en España durante siglos. Sin embargo, hoy en día las familias tradicionales conviven con muchos otros tipos de familias. De hecho, en la actualidad, la familia tradicional es una minoría comparada con todas las otras estructuras familiares juntas. A continuación, aprenderás cómo eran las familias españolas antes y cómo son ahora; así como los retos para la familia y la población de hoy y del futuro.

La evolución de las familias españolas

La familia tradicional

La estructura tradicional de la familia española generalmente tiene las siguientes características:

- Está compuesta por una pareja heterosexual (mujer y hombre), y sus hijos.
- El hombre es el protector de la familia y el proveedor.
- La mujer cuida de los hijos y mantiene la casa. La mujer cuida de la alimentación y la limpieza del hogar.
- El matrimonio se contrae siguiendo las tradiciones católicas y se mantiene siguiendo las normas de la Iglesia (por ejemplo: la prohibición del adulterio, del divorcio, y del uso de métodos artificiales de control de la natalidad).

La estructura de la familia tradicional va de mano en mano con las enseñanzas de la Iglesia Católica (La Prensa, 2006). Esto se debe a la prevaleciente influencia de la Iglesia en España por los últimos dos milenios (Rodríguez, 2018).

Responde:

¿Qué características tiene la familia tradicional? ¿Por qué?

La influencia de la Iglesia y la Dictadura Franquista en la familia

Desde 1931, muchos españoles ya deseaban una separación entre iglesia y estado: la Constitución de 1931, escrita por el gobierno republicano, declaró a España como un estado no confesional y contempló la introducción de matrimonios civiles, el divorcio, la eliminación de la educación religiosa, y la igualdad de derechos entre hombres y mujeres.

Sin embargo, el gobierno republicano fue destituido del poder en 1939 y reemplazado por la dictadura de Francisco Franco. Franco tenía una relación estrecha con la Iglesia católica e impuso reglas más tradicionales en concordancia con la Iglesia, revirtiendo los cambios del gobierno anterior: el matrimonio civil y el divorcio fueron prohibidos, la educación volvió a ser religiosa, y las mujeres perdieron muchos de sus derechos. La homosexualidad estaba prohibida y era castigada severamente. La familia tradicional se volvió la norma que todos tenían que seguir.

Francisco Franco en una ceremonia católica

Responde:

- *¿Qué pasó en 1931?*
- *¿Qué reglas impuso Franco? ¿Qué opinas de ellas?*
- *¿Cómo afectó la dictadura franquista a la estructura familiar española?*

El aumento de las libertades de los españoles

Cuando Franco murió y la dictadura terminó en 1975, las mujeres recobraron los derechos que habían perdido. El estado se declaró no confesional nuevamente y los españoles poco a poco recuperaron su derecho a decidir libremente cómo vivir su vida familiar (ver *línea de tiempo*).

Hoy en día, la iglesia católica continúa siendo la organización religiosa mayoritaria en España, pero ha perdido su influencia en los españoles. De acuerdo con CIS, 69% de los españoles son católicos, pero solo el 15% de ellos practican la religión con frecuencia. Esto significa que la mayoría de los españoles se identifican con la religión católica y respetan algunas de sus tradiciones, pero casi nunca van a actos religiosos y son flexibles en cuanto a ciertas decisiones personales. Además, cada vez más españoles se declaran ateos o no creyentes: 26% en 2018 (ACI Prensa, 2018).

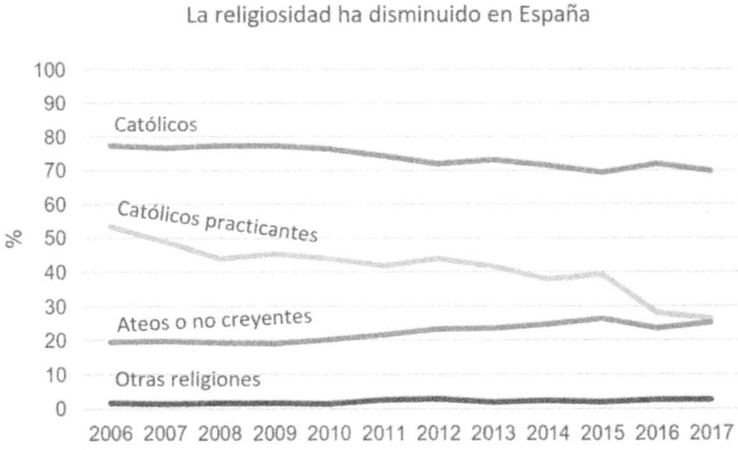

Religiosidad en España (Fuente: CIS, s.f.)

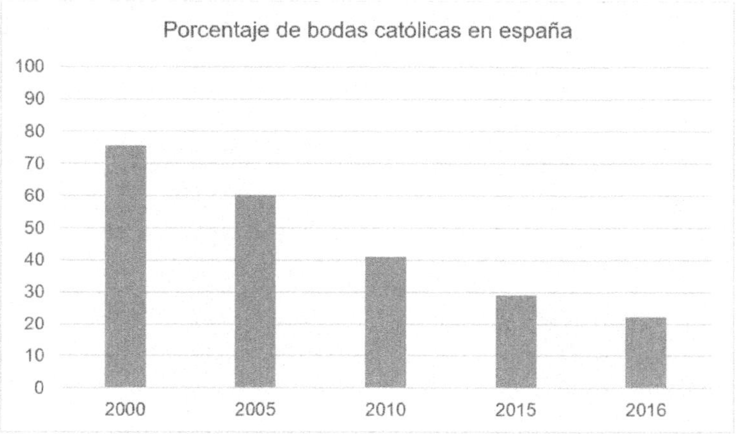

Porcentaje de bodas católicas en España (Fuente: Laborde, 2017)

Aunque en los últimos años la Iglesia se ha mostrado más tolerante, actualmente la Iglesia Católica no acepta ni al matrimonio homosexual ni a las parejas de hecho (parejas que viven juntas sin casarse) (El Universo, 2015; Europa Press, 2016). La contracepción está prohibida excepto en casos excepcionales. El aborto está definitivamente prohibido (RT, 2018). El divorcio entre católicos es posible, aunque burocráticamente difícil (BBC Mundo, 2015).

La disminución de la influencia de la Iglesia y el aumento de los derechos de los españoles han permitido que otros tipos de familia surjan.

Responde:

- *¿Qué sucedió en 1975?*
- *¿Cómo han evolucionado las libertades de los españoles desde 1931?*
- *¿Los españoles continúan siendo católicos?*
- *¿Piensas que la Iglesia Católica es ahora más tolerante que en el pasado?*

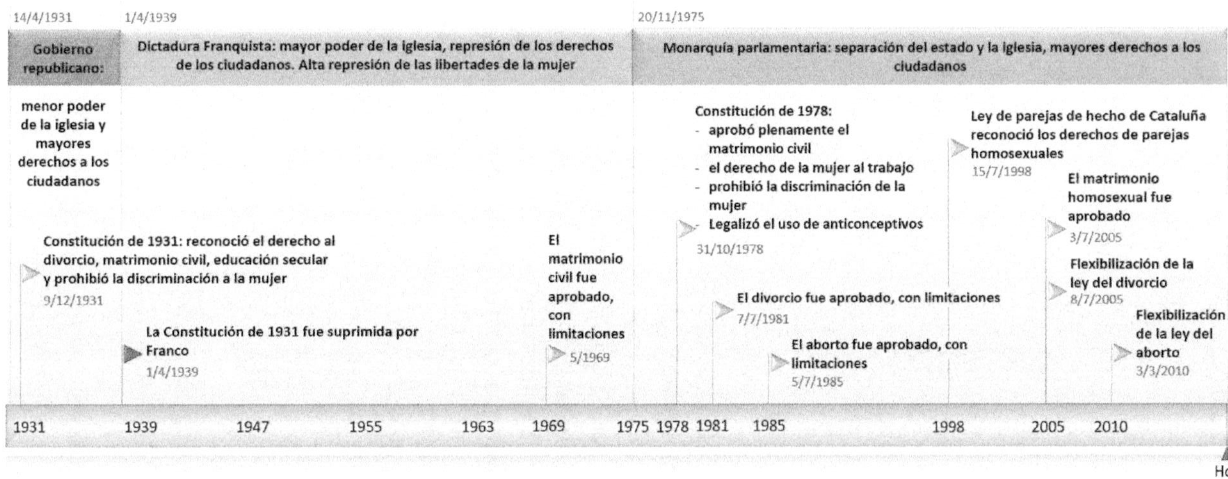

Línea de tiempo de la evolución de las libertades de los españoles desde 1931

Los cambios en la familia después del fin de la dictadura

Desde el fin de la dictadura, la familia española se ha transformado y diversificado. En resumen, los cambios en la estructura familiar más importantes han sido los siguientes:

- La tasa de natalidad ha bajado.
- Las parejas sin hijos han aumentado: muchas parejas deciden no tener hijos o tenerlos más tarde.
- La tasa de nupcialidad ha bajado: menos españoles deciden casarse. Por lo tanto, hay más parejas de hecho: más parejas que viven juntos sin casarse.
- El divorcio ha aumentado y con él, los hogares desestructurados.
- Los hogares monoparentales (donde uno de los padres vive solo con hijos) han aumentado.
- Existen hogares de parejas homosexuales. Algunas de estas familias tienen hijos (familias homoparentales).
- Los hogares unipersonales (donde una persona vive sola) han aumentado.

Diversos factores han ocasionado los cambios en la estructura familiar de España, pero los más importantes han sido:

- La disminución de la influencia de la iglesia católica.
- El fin de la dictadura franquista.
- El incremento en los derechos de los españoles, como los derechos de la mujer, el derecho al matrimonio homosexual, al divorcio, y al aborto.
- Cambios sociales como la mayor integración de la mujer en el mundo laboral.
- Factores económicos como la crisis económica de 2008.
- La inmigración y la emigración.

Responde:

- *¿Cuáles son los tipos de familia predominantes en España hoy en día?*
- *¿Qué factores han moldeado a las familias españolas modernas?*
- *En resumen, ¿piensas que la familia tradicional continúa siendo importante? ¿Por qué? ¿Por qué no?*

La demografía de los hogares españoles hoy en día

Aunque la familia tradicional ha perdido importancia en las últimas décadas, la familia nuclear (con una pareja y sus hijos) es aún el tipo de familia más común en España (cerca del 50% de los hogares). Es interesante que el segundo tipo de hogar más común sea el unipersonal (personas solas), quienes en su mayoría son ancianos. Cerca del 20% de los hogares están formados por parejas sin hijos y un 9,2% son familias monoparentales, lo que demuestra el declive en las actitudes tradicionales en el país.

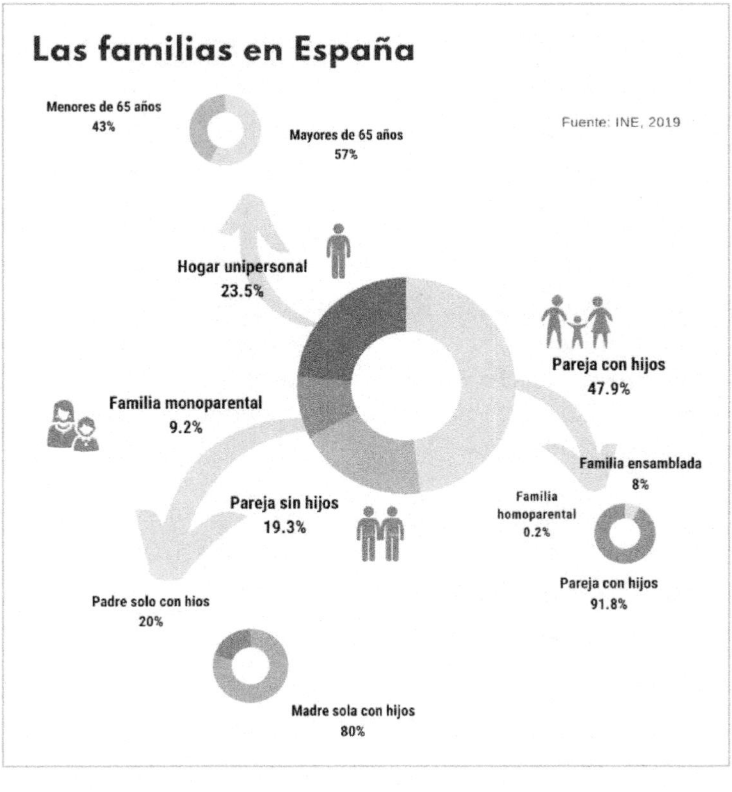

Hoy en día, aproximadamente 46,5 millones de personas habitan España. Estas personas viven en más de 18 millones de hogares. Según el INE (2019) de estos hogares:

- Cerca de 6 millones son hogares de parejas con hijos (también llamados "familia nuclear"). De estos hogares:
    - Aproximadamente medio millón son familias reconstituidas (donde uno o ámbos cónyuges tiene uno o más hijos de un matrimonio anterior).
    - Aproximadamente 10 mil de ellos son familias homoparentales (parejas homosexuales con hijos)
- Cerca de 5 millones son hogares unipersonales.
- Cerca de 4 millones son hogares de parejas sin hijos.
    - Alrededor de 85 mil de ellos son parejas homosexuales.
- Cerca de 2 millones son hogares monoparentales.

En 2016 existían 11,1 millones de parejas en España. 9,5 millones estaban casadas y 1,5 millones eran parejas de hecho (parejas viviendo juntos sin casarse)

La existencia de millones de familias diferentes a la familia tradicional (como lo son las familias monoparentales, homosexuales, reconstituidas, y de hecho), son evidencia de la evolución de los tipos de familia en España, y de una sociedad más abierta y tolerante.

Responde:

- *Define a los siguientes, y menciona cuántos hay en España hoy en día:*

  Familia monoparental

  Hogar unipersonal

  Pareja de derecho

  Pareja de hecho

  Familia nuclear

  Familia homoparental

  Familia reconstituida

- *¿Cuáles de estos tipos de hogares son los más comunes? ¿Por qué?*
- *¿Cuáles son los menos comunes? ¿Por qué?*
- *¿En qué tipo de hogar vives tú? ¿En qué tipo de hogar viven tus amigos?*

El declive de la tasa de natalidad y fecundidad y sus implicaciones

En los últimos 40 años la natalidad y la fertilidad han bajado en España.

En 1976, después del fin de la dictadura franquista, la tasa de natalidad (el número de nacimiento por cada 1000 habitantes) era de 18,7; en 2016, la tasa de natalidad fue de 8,8 (Expansión, 2017).

La tasa de fertilidad de España fue la más baja de toda Europa en 2016, y España fue el segundo país en el que las mujeres tuvieron hijos más tarde (Eurostat, 2018).

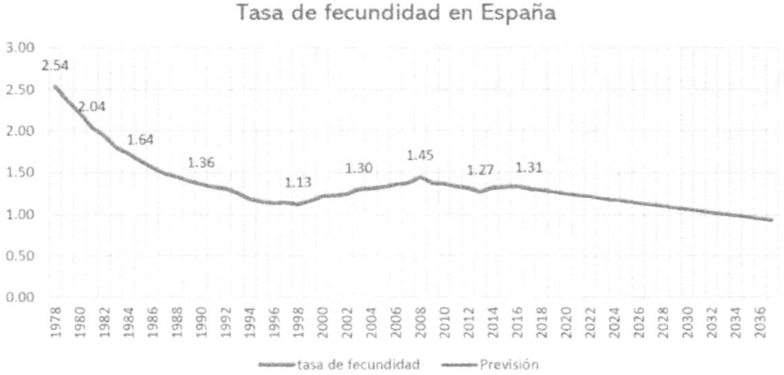

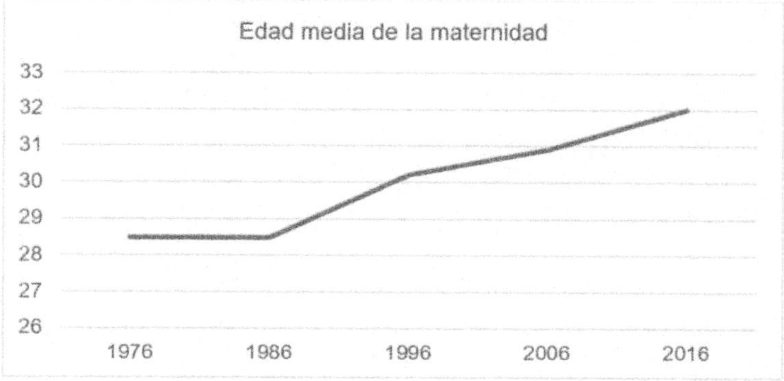

Responde:

- *¿Cuál es la tasa de natalidad en España? ¿Cuál es la tasa de fecundidad?*
- *¿A qué edad tienen su primer hijo las mujeres en España?*
- *¿Cómo han cambiado las tendencias de natalidad, fecundidad, y edad de maternidad en España en los últimos 40 años?*

Reducción de la población

Se estima que el nivel de fecundidad necesario para el reemplazo generacional es de 2,1 hijos por mujer. Desde 1981, la fecundidad en España ha sido menor de 2,1. En 2016, la tasa de fecundidad fue de solo 1,34.

La baja tasa de fecundidad comenzó a crear un déficit de población desde 2015. Desde ese año, más personas mueren de las que nacen (En 2017, el déficit fue de 31 245 personas). El INE estima que esta tendencia continuará firmemente. De ser así, la población se reducirá en los próximos 14 años un 1,2%: más de medio millón de personas. Dentro de 50 años, España habrá perdido 5,3 millones de habitantes (INE, 2016).

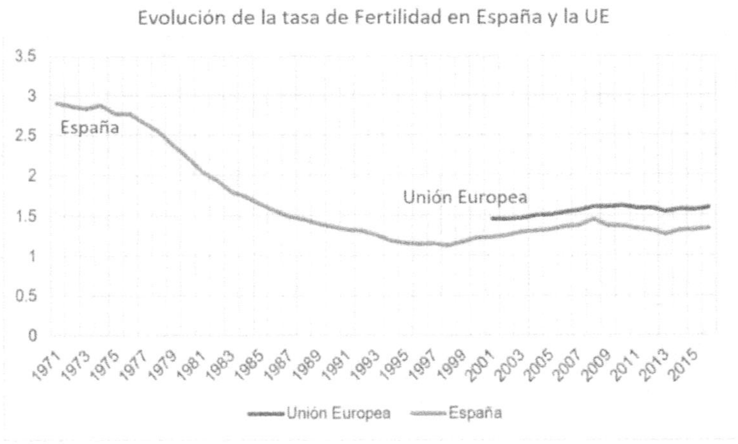

Responde:

- *¿Cuál es el nivel de fecundidad necesario para el reemplazo generacional?*
- *¿Cuál es el nivel de fecundidad en España? ¿Qué significa esto para España?*

Envejecimiento de la población

La reducción en el número de nacimientos en España significa que la población de adultos jóvenes es cada vez más pequeña.

En 2015, España fue el segundo país con menos jóvenes en la UE. Los jóvenes (entre 15 y 29 años) en España fueron solo el 15% de la población (INJUVE, 2017), en contraste, los adultos mayores de 65 años fueron el 18,7% de la población (IMSERSO, 2016). Se estima que el porcentaje de jóvenes en España continuará disminuyendo y el de mayores de 65 años continuará aumentando.

Responde:

- *Explica como la reducción de la tasa de natalidad afecta la edad de la población en España.*

Implicaciones para la economía española

El envejecimiento y la reducción poblacional tienen tanto ventajas como desventajas para la economía y la sociedad española. De acuerdo con Macarrón (2018), algunas de las implicaciones más importantes son las siguientes:

- Las industrias experimentarán una mayor demanda en servicios y productos para la población mayor de edad y lo contrario para la población de menor edad.
- La disminución en nacimientos significa que habrá menos presión en servicios como educación y salud para niños. Pero el incremento en la población mayor representará mayor presión en servicios de salud para adultos mayores.
- El incremento en la expectativa de vida significa que es necesario incrementar el número de años de la vida laboral de los españoles (aumentar la edad legal de jubilación). El gobierno ya está tomando pasos: en 2020 la edad de jubilación es de 65 años y 10 meses. La edad seguirá incrementando paulatinamente en los siguientes años, hasta llegar a los 67 años en 2027 (López, 2018).
- La reducción en la natalidad significa una reducción en mano de obra. Será necesario reemplazar esta mano de obra, posiblemente con mayor robotización y automatización de la producción, o con inmigración.
- Las industrias españolas tendrán que enfocarse más en mercados extranjeros para exportar el exceso de algunos bienes resultante de una menor demanda en España, y para invertir u obtener bienes de otros países con mayor mano de obra.

Además de lo anterior, se estima que el gasto público para atender a la población jubilada y de adultos mayores será tan grande que el gobierno probablemente tendrá que hacer uno o todos de los siguientes:

- aumentar los impuestos de los españoles.
- aumentar la deuda pública de España.
- reducir las prestaciones públicas de los pensionados y adultos mayores (como las pensiones estatales o los servicios de cuidado de personas mayores).

Responde:

- *¿Cómo se estima que el envejecimiento y la reducción de la población afectarán a los siguientes?:*

los servicios de cuidados y educación

la jubilación

la industria y la mano de obra

el gasto público

¿Por qué los españoles tienen cada vez menos hijos?

Existen diferentes razones por las que los españoles tienen cada vez menos hijos.

La mujer en el mercado laboral

Desde que obtuvieron el pleno derecho al trabajo en 1978, las mujeres han participado cada vez más en el mercado laboral. Al mismo tiempo, desde 1978, las mujeres han tenido cada vez menos hijos.

Hoy en día, 53,3% de las mujeres están activas en el mercado laboral (INE, 2018).

Tasa de participación en la fuerza laboral, mujeres (% de la población femenina mayor de 15 años) (estimación nacional) (Banco Mundial, s.f.) y tasa de fecundidad (INE, s.f.) y proyección desde 2018 hasta el 2028.

Responde:

- *¿Existe una relación entre la inclusión de la mujer en el mercado laboral y la tasa de natalidad?*

La conciliación laboral

La participación en el mercado laboral no debería afectar la decisión de tener hijos o no para los españoles. Sin embargo, ellos reportan que no obtienen el apoyo suficiente a través de sistemas laborales para conciliar su vida laboral y personal, y es posible que esto los desaliente de tener hijos.

Por ejemplo, España está entre los países de la Unión Europea que ofrecen menor permiso de maternidad (16 semanas, en contraste con Reino Unido: 52, y Suecia: 69).

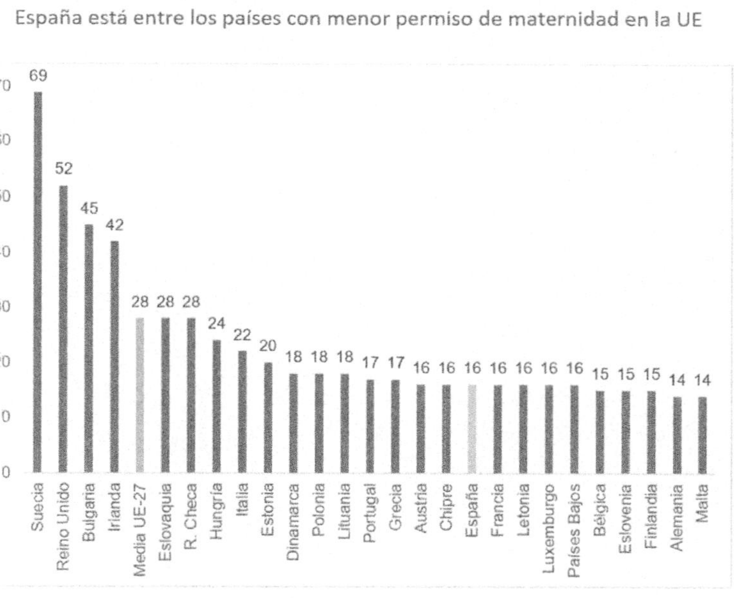

Bajas de maternidad en la UE (en semanas) (Fuente: europapress.es)

De acuerdo con el informe de Política Familiar de 2016, además de un permiso de maternidad más generoso, los españoles encuestados desean que cuando la mujer tenga hijos pequeños ella pueda seguir activa trabajando a tiempo parcial.

Esto representa otro reto para España, que es uno de los países en la UE con la menor flexibilidad laboral: solo el 11,9% de los españoles tiene un horario flexible (europa press, 2016).

La falta de conciliación laboral afecta sobre todo a las mujeres, lo cual tiene profundas implicaciones en cuanto a igualdad de género. Según el Barómetro Cisneros, en 2009 16% de las trabajadoras fueron acosadas por reclamar sus derechos de maternidad y de acuerdo con la Fundación Madrina, 25% de las trabajadoras embarazadas de entre 18 y 25 años de edad fueron despedidas el mismo año (europa press, 2016).

En este panorama de conciliación desalentador, es comprensible que la mujer que trabaja decida no tener hijos o tenerlos más tarde.

Responde:

- *¿Qué es la conciliación laboral?*
- *¿Por qué es la conciliación importante?*
- *¿España es un país con buenos sistemas de conciliación laboral? Explica por qué (no).*

El costo de tener un hijo

Se calcula que el costo de manutención y educación por hijo en España es de aproximadamente 500 euros al mes como mínimo (Aldaz, 2017). El precio sube si los padres deciden enviar a su hijo a un colegio privado.

Si tomamos en cuenta que en España el salario más frecuente se sitúa en alrededor de 1000 euros al mes (INE, s.f.), y que los padres necesitan pagar facturas domésticas entre muchas otras cosas, no sorprende que los españoles que obtienen un ingreso promedio decidan abstenerse de tener hijos hasta que sus ingresos mejoren.

Responde:

- *¿El salario de los españoles afecta su decisión sobre tener hijos o no? ¿Cómo?*

La inestabilidad económica

Otra razón importante que afecta la decisión de tener hijos es la economía del país. Existe una correlación entre el crecimiento económico de España y la natalidad.

Después del fin de la dictadura franquista, con la economía debilitada desde los años 60, y con la mayor tolerancia a diferentes tipos de familia, los españoles tuvieron cada vez menos hijos.

Sin embargo, cuando la economía mejoró a finales de los años 90, y con los nacimientos de hijos de un mayor número de inmigrantes, la tasa de natalidad en España comenzó a aumentar.

No obstante, la población ha vuelto a abstenerse paulatinamente de tener hijos desde que comenzó la crisis económica de 2008.

La relación entre la situación económica y la natalidad

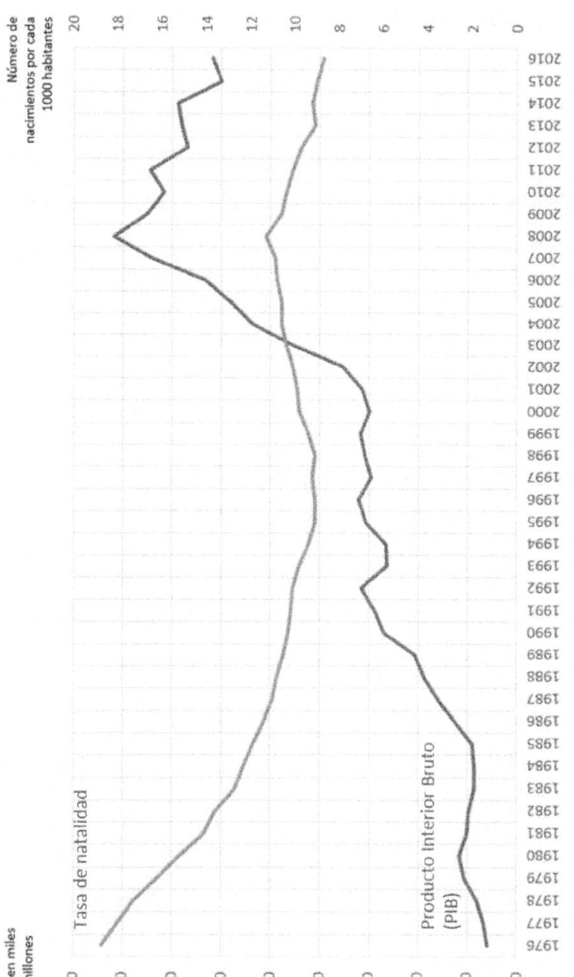

Relación entre nacimientos y el PIB de España (Fuente: Banco Mundial, s.f.)

Responde:

- *Consulta la gráfica anterior. Explica la relación entre la tasa de natalidad y la economía del país desde el año 2000.*

Adquirir una vivienda

Otra razón para no tener hijos es la dificultad para adquirir una vivienda. Con salarios más bajos en los últimos años, y con precios de vivienda cada vez más altos, muchos españoles están experimentando dificultades para adquirir su propio hogar.

Los españoles se emancipan (abandonan el hogar de los padres) hoy en día a los 29,4 años (Jiménez, 2017); mientras que los precios de la vivienda continúan aumentando (Nieves, 2018).

Responde:

- *¿Qué problemas de vivienda enfrentan los españoles hoy en día?*
- *¿Cómo afectan estos problemas su decisión de tener hijos?*

Cambios sociales

Por último, los españoles han aprendido a ser más flexibles con su planeación familiar y a distanciarse del modelo de familia tradicional (y de la norma de tener dos hijos o más). Esto ha sido gracias a que:

- La Iglesia Católica es menos influyente.
- Las leyes y la sociedad son mucho más tolerantes en cuanto a la orientación sexual y el matrimonio.
- Las leyes y la sociedad también son ahora más tolerantes en cuanto al uso de anticonceptivos y el aborto:
- El uso de anticonceptivos ha sido legal desde 1978.
- La ley sobre el aborto del 2010 permite a las mujeres abortar:
- en las primeras 14 semanas de gestación
- desde la edad de 16 años
- Existe una inmensa exposición a sociedades y culturas extranjeras gracias a los medios de comunicación, internet, y turismo.

Gracias a estos cambios, hoy existen estructuras familiares en España que habrían sido impensables durante la dictadura franquista tan solo hace 50 años.

Responde:

- *¿Los españoles de hoy tienen más libertad en su sociedad para planear su vida familiar? Explica por qué.*

Un reto para España

La falta de estabilidad económica, de medidas para conciliar la vida laboral y familiar, la incertidumbre laboral, la dificultad para acceder a una vivienda y los cambios en la tradición de la estructura familiar española, son todos factores que han afectado la tasa de natalidad en España en los últimos años.

España (así como muchos otros países) necesita poner en marcha sistemas que permitan que los españoles tengan hijos sin sacrificar su vida profesional, sin discriminar a la mujer, y sin sufrir dificultades económicas a corto y largo plazo.

Responde:

- *Toma en cuenta toda la información de este capítulo y responde: ¿Por qué los españoles de hoy tienen menos hijos?*
- *¿Qué necesita hacer España si quiere incrementar la tasa de natalidad?*

La evolución de las familias españolas y sus implicaciones

Como ya hemos visto, desde el fin de la dictadura Franquista, los españoles han ganado cada vez más libertades y derechos, que a su vez han cambiado y diversificado la estructura familiar. A continuación, analizaremos algunos de los cambios más importantes y sus implicaciones en la familia española.

La situación de las parejas de hecho

Hoy en día, las parejas pueden vivir sin casarse. A estas parejas se les conoce como "parejas de hecho". En España cada vez más parejas optan por este tipo de unión y en consecuencia cada vez menos españoles han contraído matrimonio. Entre 2007 y 2013, las uniones de hecho subieron 315% (De la Vega, 2014). En 2017, el INE encontró que había 11 298 600 parejas en España. 85,4% fueron parejas de derecho (casadas), y 14,6% fueron parejas de hecho.

Tasa bruta de nupcialidad de España (Fuente: INE, s.f.)

Hay muchas razones por las que los españoles deciden vivir juntos sin casarse. Una de las principales es que desean experimentar su vida juntos, y si su relación funciona, proceder a legalizar su unión (casarse) en el futuro: se estima que el 48% de las parejas de hecho contrae matrimonio en los primeros diez años de su convivencia (Aunión, 2015).

En España, las mujeres que viven en una pareja de hecho se convierten automáticamente en 'madres no casadas' ante la ley cuando tienen hijos. En consecuencia, el aumento de las parejas de hecho ha creado un incremento en las estadísticas de nacimientos de madres no casadas. En 2016, el 46% de los nacidos fueron de madre no casada; en contraste, en el año 2000 fueron solo el 17%, y en 1980 fueron solo el 4% (INE, 2018).

Sin embargo, los hijos nacidos de parejas no casadas tienen los mismos derechos que los hijos de parejas casadas, siempre que ambos padres registren al niño como suyo.

Las parejas de hecho pueden decidir si quieren o no registrar su unión de hecho ante las autoridades. En efecto, las parejas de hecho que se registran como tales ante las autoridades, disfrutan de casi todos los mismos derechos y beneficios que las parejas casadas en España (las excepciones solo conciernen los derechos de sucesión, ciertos permisos laborales, y ciertos beneficios fiscales, a los que solo las parejas casadas pueden acceder automáticamente) (Legalitas, 2018).

Responde:

- *¿Qué son las parejas de hecho?*
- *¿Las parejas de hecho son más comunes hoy en día? ¿En tu opinión, por qué?*
- *¿Qué derechos tienen los niños cuando nacen en parejas de hecho?*
- *¿Qué derechos tienen los españoles que registran su unión de hecho ante el gobierno? ¿Son exactamente los mismos derechos que el matrimonio?*

El divorcio

El divorcio estuvo prohibido desde 1939 hasta 1981, cuando el gobierno lo legalizó, siempre y cuando las parejas hubieran vivido separadas por un año, y citando causas como adulterio o alcoholismo.

El trámite de divorcio era largo e ineficiente. Esto llevó a muchas parejas casadas a optar por vivir separadas sin divorciarse legalmente (popularmente a esto se le llamó "divorcio a la española"). Como resultado, España tenía una de las tasas más bajas de divorcio de la UE (J. Ross, Richardson, & Sangrador-Vegas, 2016).

La ley del divorcio de 2005 (conocida informalmente como "ley de divorcio exprés") entró en vigor el 10 de julio de 2005, y es válida el día de hoy. La ley permite a los españoles demandar el divorcio ante las autoridades:

- después de 3 meses de haber contraído matrimonio.
- sin necesidad de que el cónyuge esté de acuerdo.
- sin necesidad de citar causas.

Con la introducción de la ley de divorcio de 2005, los divorcios aumentaron dramáticamente. En 2006, los divorcios aumentaron un 74% respecto al año anterior y desde entonces se han mantenido a un nivel alto.

Los divorcios aumentaron desde la introducción del divorcio exprés en 2005

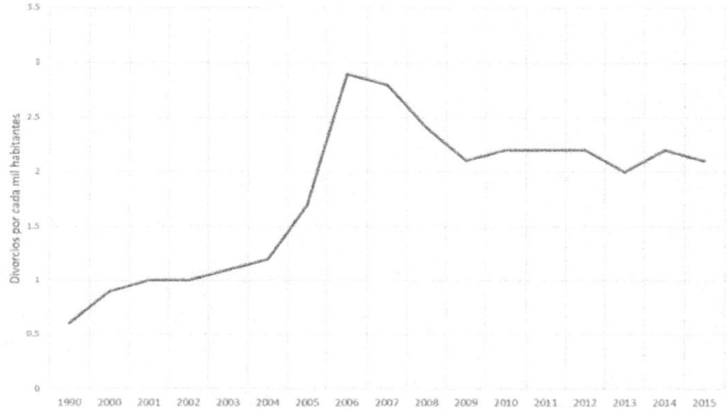

Tasa bruta de divorcio de España (Fuente: INE, s.f.)

Responde:

- *Explica la evolución del derecho al divorcio en España desde 1939.*
- *Describe la ley del divorcio de 2005.*
- *¿Han aumentado los divorcios desde 2005? ¿En tu opinión, por qué?*

Los hogares monoparentales

El incremento en los divorcios ha resultado inevitablemente en un incremento en la desestructuración de la familia y un aumento en hogares monoparentales (hogares con solo uno de los padres y sus hijos).

Cuando las parejas que se separan tienen hijos, las mujeres tienden a ejercer la custodia (66,2% de los casos en 2016). La custodia compartida se introdujo en el Código Civil en 2005, y hoy en día es el segundo tipo de custodia más común (28,3%). Solo en el 5% de los casos es el padre quien ejerce la custodia.

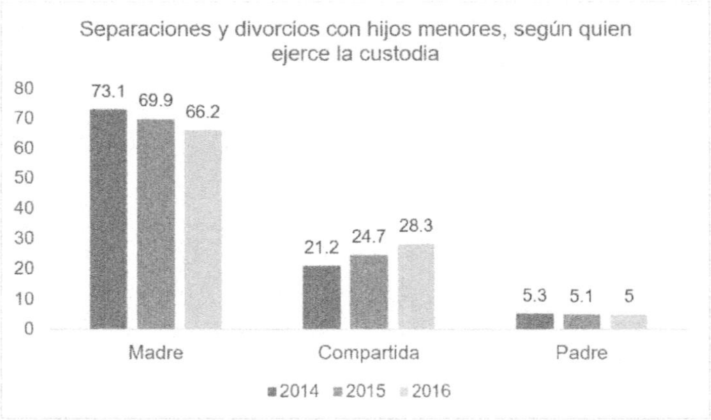

La custodia de los hijos 2014 - 2016 (Fuente: INE, 2018)

Hoy, existen aproximadamente 1,9 millones de hogares monoparentales. De estos, 1,5 millones de hogares están formados por una madre sola y su(s) hijo(s). Los hogares monoparentales con un padre solo y sus hijos fueron 312 600 en 2017.

Las mujeres y hombres en hogares monoparentales enfrentan los mismos desafíos económicos y de conciliación que enfrentan las parejas con hijos, pero sin el apoyo de una pareja. Sin políticas gubernamentales a nivel nacional que les proporcionen ayuda, hoy en día el 50,1% de los hogares monoparentales está en riesgo de pobreza, en contraste con los demás tipos de hogares, cuyo riesgo de pobreza es 28,6% (Marcos, 2017).

Imagen de la campaña #LeydeFamiliasMonoparentalesYa de la FAMS (Fuente: FAMS, 2018)

Organizaciones como la Federación de Asociaciones de Madres Solteras (FAMS), han abogado por mayores ayudas para las familias monoparentales por décadas; en especial para las mujeres que viven solas con hijos, quienes estadísticamente tienden a atravesar mayores dificultades. En 2009, el gobierno de Cataluña inició el Título de Familia Monoparental, el cual otorga beneficios, ventajas fiscales y bonificaciones para estas familias, los cuales están a la par con los beneficios que ya existían para las familias numerosas (Camps Calvet, 2009; Generalitat de Catalunya, s.f.). El gobierno de la Comunidad Valenciana comenzó la misma iniciativa en 2012, y en 2018, Aragón y Madrid están contemplando introducir medidas similares (FAMS, 2018).

La FAMS continúa luchando por una ley a nivel nacional que apoye a las familias monoparentales.

Responde:

- *¿Qué son los hogares monoparentales? ¿Cuántos hay en el presente?*
- *¿Quién tiende a criar a los hijos en los hogares monoparentales: el hombre o la mujer? ¿En tu opinión, por qué?*

- *¿Qué situaciones amenazan a las familias monoparentales? ¿Por qué?*
- *¿Qué ha hecho el gobierno español para ayudar a las familias monoparentales? ¿Qué falta por hacer?*

Las familias reconstituidas

Las personas divorciadas con hijos que vuelven a casarse con alguien más traen a esta nueva familia sus hijos de la relación anterior. Llamamos a estas nuevas familias "familias reconstituidas". Hoy existe aproximadamente medio millón de familias reconstituidas en España.

El reto que este tipo de familia enfrenta suele ser de convivencia. En 2013, surgió el Servicio de Atención a Familias Reconstituidas de la UNAF, el cual es un recurso gratuito para el público (subvencionado por el Ministerio de Sanidad, Servicios Sociales e Igualdad de España). El servicio ofrece sesiones de orientación e intervención que pueden durar hasta un año si la familia así lo desea.

Responde:

- *¿Qué son las familias reconstituidas?*
- *¿Qué problemas suelen tener las familias reconstituidas? ¿Qué ayuda pueden recibir?*

Otros retos sociales que conciernen a la familia española

La situación de la comunidad LGBT

En 2016, España fue el segundo país europeo con la mayor población homosexual (6,9% de la población), solo después de Alemania (7,4%). Las políticas liberales de hoy en día hacia la comunidad LGBT (lesbianas, gays, bisexuales y personas transgénero) demuestran la rápida evolución de España desde la era de Franco.

La evolución de los derechos LGBT

Durante el franquismo (1939 – 1975), cualquier estilo de vida que no seguía las reglas de la Iglesia era considerado inaceptable. Diversas leyes aprobadas por el régimen criminalizaron a la homosexualidad (por mencionar algunas: la ley de escándalo público en el Código Penal de 1944, la ley de vagos y maleantes de 1954). Bajo estas leyes, alrededor de 5000 personas fueron encarceladas por homosexualidad; aproximadamente 80 de ellas fueron enviadas a un campo de trabajos forzados en Islas Canarias (El Día, 2008).

Otra ley (en el código de Justicia Militar de 1945) estableció que los soldados en el ejército español que fueran acusados de homosexualidad podían ser despedidos o encarcelados hasta por 6 años. Esta ley fue abolida solo hasta 1986.

En 1970, la ley de vagos y maleantes fue sustituida por la Ley de Peligrosidad y Rehabilitación Social (la cual fue abolida en 1979). Esta nueva ley consentía la "rehabilitación" de personas homosexuales por diferentes medios, incluyendo terapia electroconvulsiva.

Pese a que la homosexualidad aún era ilegal, en 1975, en Cataluña, surgió la primera organización gay (llamada Front d'Alliberament Gai de Catalunya). En 1977, en Barcelona, la organización llevó a cabo la primera demostración de orgullo gay en las Ramblas, la cual fue reprimida por la policía.

En los años 90, aparecieron los primeros barrios gay en Madrid y Barcelona, y en 1998 la Ley de Parejas de Hecho de Cataluña otorgó a las parejas homosexuales muchos de los derechos que disfrutan las parejas heterosexuales casadas; otras regiones de España siguieron el ejemplo de Cataluña consecuentemente.

Responde:

- *¿Cuántas personas son homosexuales en España hoy en día?*
- *¿Por qué estaba prohibida la homosexualidad durante el franquismo?*
- *¿Qué castigos recibían los homosexuales durante la dictadura?*
- *¿Qué logró la Ley de Parejas de Hecho de 1998 en Cataluña?*

El matrimonio homosexual

En 2005, el gobierno socialista, que había prometido en su campaña electoral otorgar igualdad de derechos entre homosexuales y heterosexuales, mantuvo su palabra y aprobó la Ley de Matrimonio Homosexual, convirtiendo a España en el tercer país del mundo en permitir matrimonios del mismo sexo (los primeros fueron los Países Bajos en 2001; y Bélgica en 2003).

En la actualidad, el número de matrimonios homosexuales cada año se mantiene en alrededor de 4000, esto equivale a alrededor del 2% del total de matrimonios en España cada año.

Porcentaje de matrimonios del mismo sexo con respecto al total de matrimonios, desde que el matrimonio homosexual fue aprobado

Responde:

- *Resume la historia de la legalización del matrimonio homosexual en España.*
- *¿Cuántos de los matrimonios en España son entre personas homosexuales hoy en día?*

Otros progresos en derechos LGBT

En 2007, España fue el primer país en reconocer la persecución histórica de gays y lesbianas. Los homosexuales que sufrieron persecución durante la dictadura de Franco tienen derecho a una compensación de 12 000 euros y una pensión mensual de 800 euros. Desafortunadamente, esta medida llegó demasiado tarde para la mayoría de los homosexuales afectados: solo alrededor de 50 víctimas aún vivían en 2007.

También en 2007, el gobierno aprobó la Ley de Identidad de Género, la cual otorga a las personas transexuales diagnosticadas con disforia sexual el derecho a cambiar su nombre y su género en sus registros de identidad (pasaporte y Documento Nacional de Identidad), sin necesidad de someterse a una operación de cambio de sexo y sin tener que acudir a los tribunales.

Responde:

- *Menciona las dos iniciativas del gobierno hacia el colectivo LGBT en 2007.*

La adopción

La Ley de Matrimonio homosexual de 2005 otorgó a los matrimonios homosexuales los mismos derechos que tienen los matrimonios heterosexuales, incluyendo el derecho a la adopción. De este modo, España se convirtió en el primer país en establecer la igualdad total en lo relativo a la adopción en el mundo.

La primera adopción homoparental sucedió en 2006 en Cataluña. En la actualidad, se estima que existen alrededor de 10 000 familias homoparentales (formadas por una pareja homosexual con hijos). Se estima que las parejas homosexuales recurren principalmente a la reproducción asistida (aproximadamente 70%), seguido de la adopción (aproximadamente 15%), y la acogida (el cuidado temporal de un niño).

Diversas fuentes reportan que las familias homoparentales son en general mejor aceptadas hoy en día. Un estudio en 2013 por la Universidad Autónoma de Madrid encontró que un 84,5% de los padres y madres homosexuales encuestados se han sentido apoyados por otros adultos (El Mundo, 2013). Un estudio de 2016 concluyó que desde la aprobación de la ley de 2005, "aumentó tanto el grado de apertura como la aceptación percibida en todos los contextos estudiados (amistades, familia y ámbito laboral)" (Montes, González, López-Gaviño, & Angulo, 2016).

No obstante, algunos españoles más conservadores desaprueban la adopción homoparental. Un estudio del CIS en 2012 reveló que el 39% de los españoles encuestados pensaban que dos hombres homosexuales no podían criar a sus hijos tan bien como una pareja heterosexual (Europa Press, 2018)

Responde:

- *¿Los homosexuales pueden adoptar niños en España?*
- *¿Qué es una familia homoparental? ¿Cuántas existen en España?*
- *¿Las familias homoparentales son completamente aceptadas en España?*

La reacción social hacia la homosexualidad

Aunque un 88% de los españoles acepta la homosexualidad y España es el séptimo país más tolerante hacia la homosexualidad en Europa (ILGA Europe, 2018), la homofobia sigue siendo un problema. Aún ocurren ataques a españoles por su orientación sexual (230 ataques en 2016). En respuesta a esto, en 2014, las comunidades de Galicia y Cataluña introdujeron leyes anti-homofobia, pero el gobierno central aún no ha aprobado una ley anti-homofobia en particular. Partidos en el congreso (Podemos en 2017, y PP en 2018) han tratado de pasar leyes en contra de la discriminación por razón de orientación sexual en los últimos años, pero sus propuestas aún no han logrado el apoyo de la mayoría del congreso.

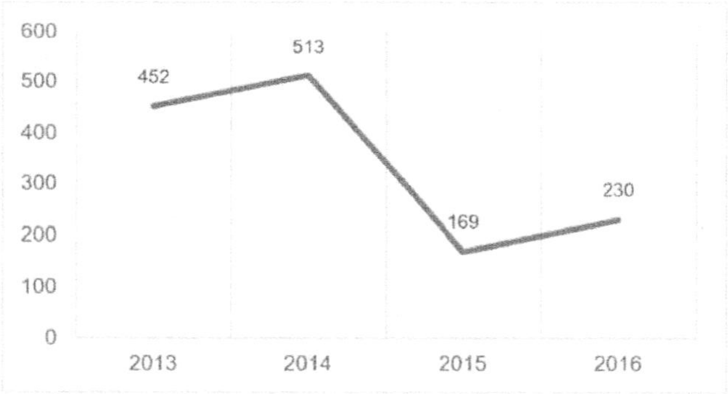

Delitos de odio por orientación o identidad sexual en España (Fuente: Ministerio del Interior, 2016)

En el presente, una minoría de españoles conservadores no aceptan la homosexualidad. Una asociación homófoba en particular, llamada HazteOír, se ha hecho notar en los últimos años. Fundada en 2001, es una asociación ultracatólica española que ha mostrado su rechazo públicamente a campañas de publicidad a favor de la diversidad sexual. En 2017, el grupo llamó la atención de la prensa internacional con su publicidad anti-transgénero en un autobús (Gómez, 2017).

Publicidad de HazteOír en contra de la transexualidad en 2017

Responde:

- *¿España es un país tolerante hacia la comunidad LGBT?*
- *¿Cuántos delitos de odio ha habido en los últimos años?*
- *¿Qué ha hecho el gobierno para combatir los delitos de odio?*
- *¿Existen personas hoy en día en contra de la homosexualidad en España?*

La violencia de género

Como en muchos países, la violencia de género (violencia contra la mujer) ha sido un problema persistente por décadas. Aproximadamente 60 mujeres son asesinadas por sus parejas o exparejas cada año. Entre 2003 y 2009 mil mujeres fueron asesinadas por violencia de género. Además, se reportan alrededor de 30 000 incidentes de violencia hacia la mujer cada año (por ejemplo: lesiones, secuestros, agresiones sexuales, abusos sexuales, tortura, amenazas, etc.)

La indignación del pueblo español llevó al gobierno socialista en 2004 a aprobar la Ley Integral contra la Violencia de Género (violencia contra la mujer), que incluyó asistencia y protección a las víctimas de violencia de género, y sentencias más estrictas: los perpetradores (90% de los cuales son hombres) ahora pueden ser forzados a abandonar su derecho a habitar el hogar familiar, a tener acceso a sus hijos, y a asistir a programas de rehabilitación.

Además, el gobierno creó dos instituciones para abordar el problema: la Delegación de Gobierno contra la violencia de Género, y el Observatorio Estatal de Violencia sobre la Mujer.

Para el año 2006, alrededor de 50 000 hombres habían sido encontrados culpables de violencia de género y castigados en línea con la nueva ley. Sin embargo, a pesar de las leyes más severas, la violencia de género se ha mantenido alta en el país en los últimos años.

Cada año unas 30 mil mujeres son víctimas de violencia de género en España

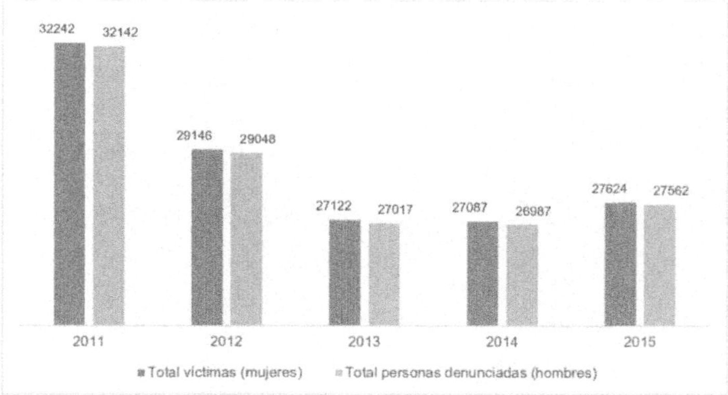

Número de víctimas y de personas denunciadas por violencia de género (Fuente: INE, s.f.)

Responde:

- *¿España tiene un problema de violencia de género? Explica en detalle.*
- *¿Qué ha hecho el gobierno español para solucionar el problema?*

La violencia doméstica

La violencia doméstica se refiere a los actos de violencia tanto físicos como psicológicos ejercidos por un hombre o una mujer sobre cualquiera de los miembros de la familia. Hay cerca de 7000 víctimas de violencia doméstica cada año. Aproximadamente 1500 de ellos son menores de 18 años (INE, s.f.).

La violencia doméstica está condenada por la ley española. Si la mujer es víctima, puede recibir ayuda a través de los sistemas contra la violencia de género. Si el hombre es víctima de violencia doméstica, él puede interponer una denuncia, y buscar apoyo de un trabajador social si lo necesita. Si un niño es víctima de violencia doméstica, existe una línea telefónica para denunciarlo (091) y existen servicios sociales para proporcionar al menor de edad el apoyo necesario.

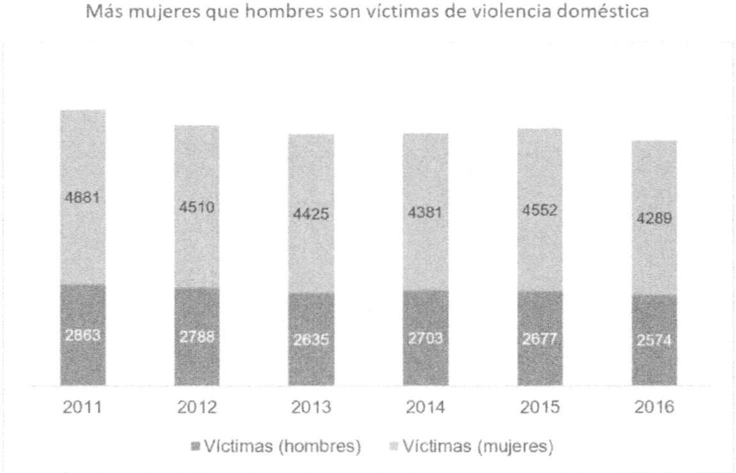

Víctimas de violencia doméstica en España (Fuente: INE, s.f.)

Responde:

- *¿Qué es la violencia doméstica?*
- *¿Quiénes son víctimas de violencia doméstica en España? ¿Cuántos son cada año?*
- *¿Qué ha hecho el gobierno español para solucionar el problema?*

La situación de los adultos mayores

En España los adultos mayores de 65 años son aproximadamente el 19% de la población, esto equivale a casi 9 millones de personas. Los españoles cada vez viven por más tiempo, y se estima que en 30 años los adultos mayores de 65 años serán el 37% de la población española (IMSERSO, 2017).

El cuidado de los adultos mayores

Hasta hace algunas décadas, los miembros más jóvenes de una familia (en especial las mujeres), normalmente vivían con sus padres y cuidaban de ellos, y solo una minoría de adultos mayores vivía en una residencia para adultos mayores.

La realidad hoy en día es muy diferente. La generación joven de hoy se muestra más reacia a hacerse cargo del cuidado de los adultos mayores, y los adultos mayores de hoy anhelan no ser una carga para sus hijos y tener un mayor grado de independencia. Como resultado, 1,7 millones de los adultos mayores de 65 años viven solos; 1,3 millones de ellos son mujeres.

Esta tendencia ha resultado en una mayor demanda de residencias para adultos mayores y centros geriátricos. 270 000 personas viven en estos centros hoy en día. 70% de estas residencias son privadas.

Aproximadamente la mitad de los adultos mayores que vive en residencias paga por el cuidado que recibe con sus propios medios. Las residencias públicas son subvencionadas por el gobierno, o en otros casos mediante un sistema de copago, en el que tanto el gobierno como el adulto mayor contribuyen.

Los fondos disponibles para las residencias públicas varían de región a región, pero en general son insuficientes en todo el país: es común que los adultos mayores estén en lista de espera por dos años o más. Como consecuencia, muchos adultos mayores se ven obligados a pagar por un instituto privado, muchas veces usando una hipoteca inversa, en la cual su casa puede ser vendida después de su muerte para pagar el préstamo.

Publicidad sobre hipoteca inversa del banco BBVA

Responde:

- *¿Cuántos adultos mayores viven en España hoy en día?*
- *¿Cómo cuidaban los españoles de sus abuelos en el pasado?*
- *¿Cómo han cambiado las actitudes hacia el cuidado de los abuelos?*
- *¿Dónde viven los adultos mayores hoy en día?*
- *¿Quién paga por la vivienda y servicios de los adultos mayores?*

Los adultos mayores y el cuidado de los nietos

Una abuela cuidando su nieta (Fuente: El Mundo, 2018)

En los últimos años, se ha vuelto mucho más común que los abuelos ayuden con el cuidado de los nietos, especialmente desde el inicio de la crisis económica de 2008. Según la Sociedad Española de Geriatría y Gerontología, los abuelos españoles dedican una media de seis horas cada día cuidando a los nietos. En muchos casos, los abuelos pasan más tiempo con los niños que sus propios padres.

De acuerdo con IMSERSO, en 2010, el 70% de los adultos mayores cuidaba a sus nietos. Un estudio de 2018 en Cataluña encontró que solo el 12,6% de los abuelos que cuidan a sus nietos lo hacen por decisión propia (El Mundo, 2018). Los abuelos a menudo ayudan con llevar a los niños al colegio y traerlos de vuelta a casa, darles de merendar, encargarse de que hagan los deberes, jugar con ellos, entre otras cosas.

Algunos estudios han reportado que los abuelos que "hacen de canguro" con sus nietos reciben ciertos beneficios de salud al estar activos física y emocionalmente en la vida familiar. Un estudio de 2017 publicado en la revista especializada Evolution and Human Behaviour encontró que la tasa de mortalidad temprana se reduce hasta en un 37% en los adultos mayores que ayudan a cuidar a sus nietos (Vázquez, 2018).

Sin embargo, los expertos aconsejan que los adultos mayores pasen solo una cantidad equilibrada de tiempo con sus nietos, y que no sean los principales cuidadores de los niños, ya que las demandas de cuidar a un niño pueden tener consecuencias negativas. Si los abuelos tienen "la carga" de cuidar a sus nietos, problemas emocionales (como estrés, ansiedad, o depresión) y padecimientos físicos (como cansancio excesivo, hipertensión, sofocos, taquicardia y mareos) pueden desarrollarse o agudizarse. Un estudio de la universidad de Harvard (2003) encontró que las mujeres que cuidaban a sus nietos durante 9 horas o más a la semana tenían un 55% más de probabilidades de padecer problemas coronarios (Vázquez, 2018).

El COVID-19

Hoy en día, debido a la pandemia de coronavirus, se ha recomendado a los abuelos aislarse de sus familias (ya que son personas en alto riesgo). Esto significa que los abuelos hoy por hoy ya no pueden realizar la tarea de cuidar a los nietos como lo hacían antes. Solo hasta que se encuentre una vacuna para el coronavirus, los abuelos podrán continuar jugando el papel que realizaban antes de la pandemia.

Aún más preocupante que su aislamiento social es la mortandad entre los ancianos: se estima que entre marzo y mayo, cerca de 40 mil personas mayores de 60 años murieron en hospitales y residencias de ancianos debido al coronavirus.

Responde:

- *Explica qué tan común es hoy en día que los abuelos cuiden a los nietos*
- *¿Por qué piensas que es más común ahora que los abuelos cuiden a sus nietos?*
- *¿Qué ventajas ofrece a los abuelos cuidar a los nietos?*
- *¿Qué desventajas existen?*

- *¿En tu opinión, es bueno que los abuelos ayuden a sus hijos cuidando a sus nietos?*
- *¿Qué efecto ha tenido la pandemia por coronavirus en el papel de los abuelos y su salud?*

Referencias

ACI Prensa. (08 de 02 de 2018). *Datos revelan descenso de número de católicos en España*. Obtenido de aciprensa: https://www.aciprensa.com/noticias/datos-revelan-descenso-de-numero-de-catolicos-en-espana-58811

Aldaz, A. (9 de 10 de 2017). *¿Cuánto cuesta criar a un hijo hasta los 18 años?* Obtenido de www.elcorreo.com: https://www.elcorreo.com/sociedad/cuesta-criar-hijo-20171005175310-nt.html

Álvarez, P. (17 de 07 de 2018). *Cada vez menos mujeres en edad fértil abandonan el mercado laboral*. Obtenido de elpais.com: https://elpais.com/economia/2018/07/16/actualidad/1531764941_845672.html

Aunión, J. A. (12 de 10 de 2015). *El matrimonio en España es solo cuestión de tiempo*. Obtenido de www.elpais.com: https://elpais.com/politica/2015/10/12/actualidad/1444669104_299557.html

Banco Mundial. (s.f.). *Tasa de participación en la fuerza laboral, mujeres (% de la población femenina mayor de 15 años) (estimación nacional)*. Obtenido de datos.bancomundial.org: https://datos.bancomundial.org/indicator/SL.TLF.CACT.FE.NE.ZS?end=2017&locations=ES&start=1978&view=chart

BBC Mundo. (08 de 09 de 2015). *Las históricas reformas del papa Francisco para simplificar la anulación del matrimonio*. Obtenido de BBC:

http://www.bbc.com/mundo/noticias/2015/09/150908_papa_francisco_divorcio_anulacion_men

Camps Calvet, C. (17 de 10 de 2009). *www.ub.edu*. Obtenido de TÍTULO DE FAMILIA MONOPARENTAL. Cataluña: http://www.ub.edu/tiifamo/cat-tiifamo/eventos/titulo-de-familia-monoparental-cataluna/

CIS. (s.f.). *Barómetros*. Obtenido de Centro de Investigaciones Sociológicas: http://www.cis.es/cis/opencm/ES/11_barometros/depositados.jsp

De la Vega, I. (28 de 09 de 2014). *Casa, derechos y pareja de hecho*. Obtenido de www.elpais.com: https://elpais.com/economia/2014/09/26/actualidad/1411754988_234940.html

El Día. (18 de 05 de 2008). *eldia.es*. Obtenido de El Auschwitz de Fuerteventura: https://eldia.es/canarias/2008-05-18/6-Auschwitz-Fuerteventura.htm

El Economista. (12 de 04 de 2018). *Radiografía de los hogares en España: ¿cuántos hay y cómo son?* Obtenido de El Economista: http://www.eleconomista.es/indicadores-espana/noticias/9066031/04/18/Radiografia-de-los-hogares-en-Espana-cuantos-hay-y-como-son.html

El Mundo. (13 de 05 de 2013). *Las familias homoparentales se sienten integradas y sufren poca discriminación*. Obtenido de www.elmundo.es: http://www.elmundo.es/elmundo/2013/05/13/espana/1368441330.html

El Mundo. (25 de 05 de 2018). *El 30% de los abuelos que cuidan de sus nietos es por decisión de los hijos*. Obtenido de www.elmundo.es: http://www.elmundo.es/vida-sana/familia-y-co/2018/05/25/5b067ca0e5fdeaea1b8b459a.html

El País. (29 de 10 de 2017). *Familias pequeñas con grandes problemas.* Obtenido de El País: https://elpais.com/economia/2017/10/27/actualidad/1509124027_860940.html

El Universo. (04 de 10 de 2015). *Papa Francisco pide una Iglesia abierta, pero no en favor del matrimonio gay*. Obtenido de El Universo: https://www.eluniverso.com/vida-estilo/2015/10/04/nota/5166695/papa-francisco-pide-iglesia-abierta-no-favor-matrimonio-gay

Europa Press. (08 de 04 de 2016). *El Papa pide integrar a parejas de hecho, matrimonios civiles y divorciados vueltos a casar.* Obtenido de 20 minutos: https://www.20minutos.es/noticia/2716781/0/papa-francisco/pide-analizar-divorcios/parejas-de-hecho/

europa press. (14 de 03 de 2016). *www.europapress.es*. Obtenido de Conciliación laboral y familiar: ¿cuáles son las condiciones en España?: http://www.europapress.es/sociedad/noticia-conciliacion-laboral-familiar-cuales-son-condiciones-espana-20160313200637.html

Europa Press. (30 de 06 de 2018). *Trece años de matrimonio igualitario en España.* Obtenido de www.europapress.es: http://www.europapress.es/epsocial/igualdad/noticia-trece-anos-matrimonio-igualitario-espana-20180630123554.html

Eurostat. (05 de 2018). *Fertility statistics*. Obtenido de eurostat: http://ec.europa.eu/eurostat/statistics-explained/index.php/Fertility_statistics

Eurostat. (s.f.). *POPULATION (DEMOGRAPHY, MIGRATION AND PROJECTIONS)*. Obtenido de eurostat: http://ec.europa.eu/eurostat/web/population-demography-migration-projections

Expansión. (22 de 06 de 2017). *La natalidad desciende a mínimos históricos en España y vuelve a perder población*. Obtenido de expansion.com: http://www.expansion.com/economia/2017/06/22/594b9005468aeb6c4b8b46b9.html

FAMS. (14 de 02 de 2018). *FAMS*. Obtenido de http://familiasmonomarentales.es: http://familiasmonomarentales.es/a-debate-una-ley-para-familias-monoparentales-en-la-comunidad-de-madrid/

Generalitat de Catalunya. (s.f.). *Título de familia monoparental*. Obtenido de www.gencat.cat: https://web.gencat.cat/es/tramits/tramits-temes/Titol-de-familia-monoparental-00003

Gómez, J. (28 de 02 de 2017). *Siete polémicas campañas contra el colectivo LGTBI que nacieron en HazteOir*. Obtenido de www.elespanol.com: https://www.elespanol.com/social/20170228/197230439_0.html

IMSERSO. (2016). *INFORME 2016 Las personas mayores en España*. Obtenido de feafesgalicia: http://feafesgalicia.org/img/documentacion/estudios/Informe_2016_personas_mayores.pdf

IMSERSO. (15 de 11 de 2017). *Proyecciones demográficas a medio y largo plazo*. Obtenido de imserso.es: http://www.imserso.es/InterPresent2/groups/imserso/documents/binario/001_asanz_ssppmm.pdf

INE. (20 de 10 de 2016). *Proyecciones de Población 2016 - 2066*. Obtenido de INE: http://www.ine.es/prensa/np994.pdf

INE. (2018). *España en cifras 2018*. Obtenido de INE: http://www.ine.es/prodyser/espa_cifras/2018/2/index.html

INE. (s.f.). *Instituto Nacional de Estadística*. Obtenido de INE: http://www.ine.es/

INJUVE. (03 de 2017). *Juventud en cifras*. Obtenido de injuve: http://www.injuve.es/sites/default/files/2018/11/publicaciones/jcifras2017-poblacion_0.pdf

J. Ross, C., Richardson, B., & Sangrador-Vegas, B. (2016). *Contemporary Spain.* New York: Routledge.

Jiménez, A. (03 de 06 de 2017). *¿A qué edad se emancipan los jóvenes en Europa?* Obtenido de www.lavanguardia.com: https://www.lavanguardia.com/internacional/20170603/423089646971/edad-emancipan-jovenes-europa.html

La Prensa. (2006). *Papa defiende los valores de la familia tradicional.* Obtenido de La Prensa: https://impresa.prensa.com/mundo/Papa-defiende-valores-familia-tradicional_0_1785571514.html

Laborde, A. (10 de 01 de 2017). *"La gente te mira raro cuando dices que te casas por la Iglesia"*. Obtenido de elpais.com: https://elpais.com/politica/2016/12/19/actualidad/1482162082_252517.html

Legalitas. (28 de 03 de 2018). *¿Cuáles son los derechos de una pareja de hecho?* Obtenido de www.legalitas.com: https://www.legalitas.com/actualidad/Cuales-son-los-derechos-de-una-pareja-de-hecho

López, E. (09 de 02 de 2018). *¿Cuál es la edad de jubilación en España? ¿Cómo va la jubilación anticipada? 10 claves.* Obtenido de elperiódico.com: https://www.elperiodico.com/es/economia/20170217/edad-jubilacion-espana-5844175

Macarrón, A. (07 de 05 de 2018). *Consecuencias del declive demográfico en España.* Obtenido de fundacionfaes.org: http://www.fundacionfaes.org/file_upload/news/pdfs/20180507121816.pdf

Marcos, L. (16 de 10 de 2017). *Más de la mitad de los hogares monoparentales españoles está en riesgo de pobreza.* Obtenido de cadenaser.com: http://cadenaser.com/ser/2017/10/16/economia/1508165538_621120.html

Montes, A., González, M., López-Gaviño, F., & Angulo, A. (2016). *Familias homoparentales, más visibles y mejor aceptadas:.* Obtenido de www.felgtb.org: http://www.felgtb.org/rs/8670/d112d6ad-54ec-438b-9358-4483f9e98868/479/fd/1/filename/familias-homoparentales-mas-visibles-y-mejor-aceptadas-efectos-del-matrimono-en-espana.pdf

Nieves, V. (08 de 02 de 2018). *www.eleconomista.es*. Obtenido de La dificultad para acceder a una vivienda se complica y toca máximos de los últimos seis años: http://www.eleconomista.es/vivienda/noticias/8925899/02/18/El-acceso-de-la-vivienda-se-complica-y-toca-niveles-de-2004-por-las-subidas-de-precio.html

Rodríguez, S. (2018). *La Iglesia en la historia de España (I)*. Obtenido de Periodista Digital: http://www.periodistadigital.com/religion/opinion/2018/03/04/religion-opinion-historia-iglesia-espana-i-romanos-evangelizacion-visigodos-medieval-reforma-nuevo-mundo-america.shtml

RT. (17 de 06 de 2018). *El papa Francisco compara el aborto con las prácticas nazis, aunque "con guante blanco"*. Obtenido de RT : https://actualidad.rt.com/actualidad/276240-papa-francisco-aborto-nazis-guante

Printed in Great Britain
by Amazon

56503918R00041